VERFÄLSCHTE GNADE

WEITERE BÜCHER VON JOSEPH PRINCE

Iss dich zu Leben und Gesundheit
Setzte Gottes Kraft frei!
Von der Gebundenheit zum Durchbruch
Iss dich gesund
Heilungszusagen
Versorgungszusagen
Verankert
Schluss mit negativen Gedanken
Lass los und lebe
Gedanken für ein Leben des Loslassens
Das Gebet des Schutzes
Das Gebet des Schutzes – Andachten
Die Revolution der Gnade
Herrliche Gnade
Die Kraft des richtigen Glaubens
100 Tage in der Kraft des richtigen Glaubens
Zur Herrschaft bestimmt
Zur Herrschaft bestimmt – 365 Andachten
Herrsche im Leben
Unverdiente Gunst
100 Tage der Gunst
Gesund und heil durch das Abendmahl
Die Benjamin-Generation
Zur richtigen Zeit am richtigen Ort
Ein lebenswertes Leben
Geistliche Kampfführung

Mehr Informationen zu seinen Büchern und anderem inspirierenden Material findest du auf: **www.josephprince.de** und **www.gracetoday.de**

JOSEPH PRINCE

VERFÄLSCHTE GNADE

WIE DER FEIND PLANT, DICH IN DER NIEDERLAGE FESTZUHALTEN

AUS DEM ENGLISCHEN VON
GABRIELE KOHLMANN

Die englische Originalausgabe erschien im Verlag 22 Media Pte. Ltd. unter dem Titel *Counterfeit Grace—Exposing the Enemy's Plan to Keep You in Defeat.*

Die Deutsche Nationalbibliothek verzeichnet diese Publikation in der Deutschen Nationalbibliografie; detaillierte bibliografische Daten sind im Internet über https://portal.dnb.de abrufbar.

Umschlaggestaltung: © 22 Media Pte. Ltd.
Corporate Design & Satz: Gabriel Walther – www.gabrielwalther.com
Lektorat: Thilo Niepel
Druck: CPI – Clausen & Bosse, Leck
Printed in Germany

1. Auflage 2020

Taschenbuch: ISBN 978-3-95933-145-6, Bestellnummer 372145
E-Book: ISBN 978-3-95933-146-3, Bestellnummer 372146

www.gracetoday.de

INHALT

EINFÜHRUNG

Es gibt für mich kaum etwas Spannenderes in unserer Zeit, als zu erleben, wie der Herr kontinuierlich das herrliche Evangelium der Gnade auf der ganzen Welt wiederherstellt. Und es war einfach unglaublich, Teil der Gnadenrevolution zu sein, die über die Erde fegte und Tausende Menschenleben tief beeinflusste. Ich kann dir nicht sagen, wie sehr es mein Herz jedes Mal bewegt, wenn ich kostbare Gläubige aus der ganzen Welt erzählen höre, wie ihre bröckelnden Ehen, ihre schwer angeschlagene Gesundheit und ihre verzweifelten Situationen einschneidend verändert wurden, weil sie die Botschaft des Evangeliums hörten und unserem wunderbaren Herrn Jesus und seiner Liebe zu ihnen begegneten.

Doch während das wahre Evangelium – das Evangelium, wie es vom Apostel Paulus gepredigt wurde – überallhin getragen wurde, sind gleichzeitig auch viele Fragen entstanden. Viele Menschen suchen Antworten darauf, was es wirklich bedeutet, unter der Gnade zu leben. Dazu gehören Neubekehrte genauso wie langjährig Gläubige, die gerade zum ersten Mal das wahre Evangelium gehört haben und hungrig nach mehr sind. Aber es sind auch Gläubige darunter, die noch nie das wahre Evangelium gehört haben, jedoch gewarnt wurden, dass Gnade eine »gefährliche Lehre« sei, die es zu meiden gelte. Viele sind auch besorgt, dass unter die Gnade zu kommen ein Freifahrschein für ein zügelloses Leben sei. Doch nichts könnte weiter von der Wahrheit entfernt sein.

Weil eine Begegnung mit der wunderbaren Person unseres Herrn Jesus Christus so herrlich und so befreiend ist und die Kraft hat, kostbare Menschenleben zu verändern, hat der Feind rund um das Evangelium der Gnade viele Kontroversen und Missverständnisse aufgeworfen. Dies hat viele dazu veranlasst, der Gnade mit Angst zu begegnen und sich genau von dem fernzuhalten, was sie nahe zu Gott und zu einem siegreichen Leben führen würde, das Gott verherrlicht.

Doch die Gnade ist nicht diese gefährliche Lehre, von der schon viele behauptet haben, sie fördere und befürworte Sündhaftigkeit. Mein Freund (und damit sind auch immer alle Frauen gemeint), wenn du Fragen zur Gnade hast, oder wenn Angehörige oder Freunde mit entsprechenden Fragen zu dir gekommen sind, bete ich, dass dieses Buch dir enthüllen wird, was wahre Gnade wirklich ist. Dass es dir zeigen wird, wo sich Irrtümer eingeschlichen haben. Und dass du erfährst, inwiefern die Person Jesu zusammen mit ihrer Gnade die Kraft Gottes zu deiner Errettung in jedem Lebensbereich ist. Und wenn du von der Verkündigung des Evangeliums durch diesen Dienst persönlich berührt worden bist, bete ich, dass dir dieses Buch darüber hinaus als praktisches Mittel helfen wird, das wunderbare Evangelium mit Freunden oder Familienangehörigen zu teilen, die diese Botschaft hören müssen.

Ich hoffe, dass das Folgende jeden, insbesondere Pastoren, Seelsorger und Leiter in der Gemeinde – Männer wie Frauen – auf dem Weg dahin unterstützen wird, zwischen echter Gnade und verfälschter Gnade unterscheiden zu können. Ich möchte dich ermutigen, in deinem Herzen ein unerschütterliches, felsenfestes und unverrückbares Fundament zu bauen, das im wahren Evangelium gründet, denn allein dieses ist die Kraft, die dich jenseits von Niederlage leben und dauerhafte Durchbrüche erfahren lässt.

Mein Freund, wir sollten uns nicht vom Evangelium der Gnade abwenden, nur weil es Gerüchte, falsche Lehren, Kontroversen und eine kleine Minderheit gibt, die das Evangelium missbraucht und durch ihre Lebensweise falsch darstellt. Das Evangelium der Gnade ist die richtige Antwort, um die Sünde in unserem Leben, in der Gemeinde und in der Welt, in der wir leben, zu besiegen.

Joseph Prince

WAS DU GLAUBST, IST ENTSCHEIDEND

GNADE IST
KEINE BEWEGUNG,
KEINE LEHRE UND
KEIN STUDIENFACH.
SIE IST EINE PERSON.
UND DIESE PERSON
HEISST JESUS.

WAS DU GLAUBST, IST ENTSCHEIDEND

Wir leben in spannenden Zeiten. Unser Herr Jesus stellt wirklich das Evangelium der Gnade wieder her, wie es ursprünglich dem Apostel Paulus gegeben wurde. In den letzten zehn Jahren hatte ich das große Privileg, immer wieder neue Zeugnisse zu lesen, die kostbare Menschen in einem steten Strom an unseren Dienst schicken, um voller Freude davon zu berichten, wie sie von allen möglichen Süchten befreit wurden, einschließlich Rauchen, Drogen, Alkohol und vor allem Pornografie.

Abgesehen davon, dass sie vom schweren Joch der Schuld und Verdammnis befreit sind, kommt es auch in ihren Ehen und Familien zu echten Veränderungen. Diese Menschen leben nun zur Ehre Jesu durch die Kraft seiner erstaunlichen Gnade. Gnade ist keine Bewegung, sie ist keine Lehre und auch kein Studienfach. Bei ihr dreht sich alles um eine Person. Und diese Person heißt Jesus. Was wir über unseren Herrn und Erlöser, Jesus Christus, und darüber, was er am Kreuz getan hat, glauben, bestimmt alles andere.

HERRSCHE DURCH GNADE ÜBER DIE SÜNDE

Wenn wir uns auf den Weg machen, die Gnade Gottes zu verstehen, ist es wichtig, dass wir zunächst den Unterschied zwischen dem alten Bund des Gesetzes und dem neuen Bund der Gnade verstehen. Johannes 1,17 sagt uns: »Denn das Gesetz wurde durch Mose gegeben; die Gnade und die Wahrheit ist durch Jesus Christus geworden.«

Das Gesetz wurde durch einen Diener gegeben; Gnade und Wahrheit kamen durch den Sohn. Das Gesetz spricht davon, was der Mensch sein sollte; die Gnade offenbart, wer Gott ist. Der Buchstabe tötet, der Geist hingegen gibt Leben (siehe 2Kor 3,6). Unter dem Gesetz verlangt Gott Gerechtigkeit von dem durch Sünde ruinierten Menschen. Aber unter der Gnade gibt Gott die Gerechtigkeit als Geschenk. Alle, die an Jesus glauben und ihn als ihren Herrn und Retter anerkennen, stehen unter dem neuen Bund der Gnade.

Trotzdem leben viele Gläubige heute noch immer in Verwirrung. Sie vermischen Gesetz und Gnade, indem sie ihr Christenleben an manchen Aspekten des Gesetzes und dann wiederum an manchen Aspekten der Gnade ausrichten. Und so setzen sie ihr Leben des ständigen Scheiterns fort, anstatt durch die im Überfluss vorhandene Gnade und das Geschenk der Gerechtigkeit über die Macht der Sünde zu herrschen. Römer 5,17 sagt uns deutlich, dass »die, welche den Überfluss der Gnade und das Geschenk der Gerechtigkeit empfangen, im Leben herrschen [werden]«. Wenn wir im Leben herrschen, herrschen wir über Sünde, Süchte und alle Formen des Bösen.

Glücklicherweise stellt unser Herr Jesus die Reinheit des Evangeliums der Gnade heute wieder her. Viele finden dadurch Freiheit von langjährigen Suchterkrankungen und anderen Gebundenheiten. Sie teilen mit großer Freude mit, wie der Herr sie übernatürlich von jahrzehntelangem Drogenmissbrauch, sexuellen Abhängigkeiten, häufig auftretenden Panikattacken oder sogar von klinischen Langzeitdepressionen befreit hat. Andere schreiben voller Dankbarkeit, wie er ihre Ehen gerettet, ihre Beziehungen zu ihren entfremdeten Kindern wiederhergestellt oder wie er ihre Körper geheilt hat, obwohl die Ärzte ihnen keine Hoffnung mehr machten. Ein gemeinsamer Nenner führte diese kostbaren Menschen von der Niederlage zum Sieg, vom Zusammenbruch zum Durchbruch: Sie alle hatten eine Begegnung mit unserem Herrn Jesus und bekamen eine Offenbarung seiner erstaunlichen Gnade zu fassen.

VERFÄLSCHUNGEN BEI DER WIEDERHERSTELLUNG DER WAHRHEIT GOTTES

Trotz alledem müssen wir uns unbedingt bewusst sein, dass es wie bei jeder Wiederherstellung der Wahrheiten Gottes in der Kirchengeschichte auch heute, bei der Wiederherstellung der Wahrheit über die Gnade, zu Verfälschungen kommt. Es gibt viele Kontroversen, Ungenauigkeiten und Imitationen des wahren Werkes der Gnade, das Gott in seiner Gemeinde und im Leben der Menschen tut. Bedauerlich ist auch, dass eine kleine Zahl von Menschen die Wahrheit über Gottes erstaunliche Gnade falsch darstellt, indem sie »Gnade« als Ausrede für einen zügellosen Lebensstil benutzt, der in klarem Widerspruch zum Wort Gottes steht. Es ist unerlässlich, dass wir unsere Schlussfolgerungen in Bezug auf Gottes Gnade nicht aus dem Handeln der Wenigen ziehen, die sie missbrauchen, sondern das Wort Gottes für uns selbst genau studieren, um zu verstehen, was in Wahrheit das ursprüngliche, unverfälschte Evangelium der Gnade ist.

Unsere Verantwortung als Gläubige und als solche, die mit der Verkündigung des Evangeliums betraut sind, besteht nicht darin, uns von der Wahrheit der Gnade Gottes zurückzuziehen, sondern dem Rat des Apostels Paulus an Timotheus zu folgen. Er wies seinen jungen Schützling an, »in der Gnade, die in Christus Jesus ist, [stark zu sein]« und eifrig danach zu streben, sich »Gott als bewährt zu erweisen, als einen Arbeiter, der sich nicht zu schämen braucht, der das Wort der Wahrheit recht teilt« (2Tim 2,1.15).

Aus genau diesem Grund spreche ich in diesem Buch einige der wichtigsten fehlerhaften und verfälschten Gnadenlehren an, die mittlerweile weit verbreitet sind und manche in die Irre geführt haben. Diese verfälschten oder scheinbaren Gnadenlehren haben bewirkt, dass sich auch einige Pastoren und Leiter dem Evangelium der Gnade verschlossen haben. Das ist sehr bedauerlich und ich bete, dass Pastoren und Gemeindeleiter auf der ganzen Welt für sich selbst eine wahrheitsgetreue Offenbarung und ein genaues Verständnis dieser guten Nachricht empfangen, die das Leben verändert und kostbare Menschen in eine enge Beziehung zu unserem Erlöser zieht. Ich bete, dass wir, als von Gott ernannte Hirten über seine Herde, keine Urteile fällen, die auf zusammenhangslosen Fragmenten und auf Hörensagen beruhen, sondern gründlich untersuchen, was die jeweiligen Gnadenprediger tatsächlich lehren, und es sorgfältig anhand der Bibel prüfen.

IST GNADE DIE ERLAUBNIS ZUR SÜNDE?

WAHRE GNADE
LEHRT, DASS
CHRISTUSGLÄUBIGE
BERUFEN SIND, HEILIG,
UNTADELIG UND
ÜBER JEDEN VORWURF
ERHABEN ZU LEBEN.

IST GNADE DIE ERLAUBNIS ZUR SÜNDE?

Ich habe schon oft mitbekommen, wie Gläubige, als Folge der missbräuchlichen und ungenauen Darstellungen der Lehre von der wahren Gnade, einander warnen: »Sei auf der Hut vor dieser gefährlichen Gnadenlehre, sie gibt den Menschen die Erlaubnis zu sündigen.«

Wenn du von einer »Gnaden«-Lehre hörst, die dir sagt, dass es in Ordnung ist, wenn du sündigst und ein Leben führst, das den Herrn außer Acht lässt, und dass Sünde keine Konsequenzen hat, dann ist mein Rat an dich, um diese Lehre einen weiten Bogen zu machen. Denn du bist soeben mit verfälschter Gnade in Berührung gekommen. Wahre Gnade lehrt, dass Christusgläubige berufen sind, heilig, untadelig und über jeden Vorwurf erhaben zu leben. Sie lehrt, dass die Sünde immer zerstörerische Folgen hat und dass man nur durch die Kraft des

Evangeliums von Jesus Christus aus der Herrschaft der Sünde befreit werden kann.

Sieh dir Titus 2,11–15 (NLB) genau an:

Denn die ***Gnade Gottes****, die allen Menschen Rettung bringt, ist sichtbar geworden. Sie bringt uns dazu,* ***dem Leben ohne Gott und allen sündigen Leidenschaften den Rücken zu kehren****. Jetzt, in dieser Welt, sollen wir* ***besonnen, gerecht und voller Hingabe an Gott leben****. Denn wir warten auf das wunderbare Ereignis, wenn die Herrlichkeit des großen Gottes und unseres Erlösers, Jesus Christus, erscheinen wird. Er gab sein Leben, um uns von aller Schuld zu befreien und zu reinigen und uns zu seinem eigenen Volk zu machen, das bemüht ist, Gutes zu tun. Dies alles sollst du lehren. Ermutige die Menschen und weise sie zurecht, wenn es nötig ist! Niemand soll dich oder dein Wort verachten.*

Die Bibel erklärt unmissverständlich, dass die Gnade Gottes uns lehrt, dem Leben ohne Gott den Rücken zu kehren und voller Hingabe an Gott zu leben. Sei daher auf der Hut vor verfälschten Gnadenlehren, die im Widerspruch zur Bibel stehen.

DER ECHTHEITSTEST

Woher wissen wir also, ob jemand wirklich unter der Gnade Gottes lebt?

Wir schauen uns sein Leben an.

Wenn jemand seine Frau wegen seiner Sekretärin verlässt und dir erzählt, dass er unter der »Gnade« ist, dann sage diesem Menschen, dass er gewiss nicht unter der Gnade, sondern in einer Täuschung lebt! Halte dich an die Autorität von Gottes Wort und gehe nicht nach dem, was dieser Mann sagt. In Römer 6,14 steht: »Denn die Sünde wird nicht herrschen über euch, weil ihr nicht unter dem Gesetz seid, sondern unter der Gnade.« Wenn dieser Mensch wirklich unter der Gnade lebte, wäre er nicht von einer solchen Sünde beherrscht. Und niemand, der in Sünde lebt, kann die Gnade rechtmäßig als Ausrede fürs Sündigen benutzen, weil das im Widerspruch zu Gottes Heiliger Schrift steht. Wahre Gnade ist kein Freibrief zum Sündigen; sie ist die Kraft, die die Herrschaft der Sünde überwindet. Wahre Gnade kompromittiert nicht Gottes heilige

Maßstäbe und duldet keine Sünde; sie ist die Antwort, die den Menschen die Kraft gibt, ein Gott verherrlichendes Leben zu führen, das sie nach guten Werken streben lässt.

PRÜFE ALLES

Es wird immer einen kleinen Kreis von Menschen geben, die die Gnade missbrauchen, die aufgrund falscher Gnadenlehren Kontroversen auslösen und auf eine Weise leben, die den Herrn nicht verherrlicht. Aber wie sollte unsere Reaktion aussehen? Sollten wir uns scheuen, die wahre Gnade Gottes zu predigen und zu lehren, nur weil es diese Kontroversen und Missbräuche gibt? Sicherlich nicht. Ich ermahne dich heute mit den Worten von Titus: »Dies alles sollst du lehren. Ermutige die Menschen und weise sie zurecht, wenn es nötig ist! Niemand soll dich oder dein Wort verachten« (Tit 2,15 NLB).

Mit anderen Worten, schrecke nicht davor zurück, die Gnade Gottes zu predigen. Tatsächlich sollten wir die Verkündigung des wahren Evangeliums, das alle lehrt, »dem Leben ohne Gott und allen sündigen Leidenschaften den Rücken zu kehren« und »besonnen, gerecht und voller Hingabe an Gott [zu] leben«, sogar noch bedeutend verstärken. Je mehr wahre Gnade gepredigt wird, desto effektiver werden diese falschen Gnadenlehren ausgemerzt.

Man kann niemanden daran hindern, das Wort *Gnade* nach Belieben zu verwenden. Leute nennen sich »Gnadenprediger«, »Gnadendienst« oder »Gnadengemeinde«. Aber wir müssen hier sehr genau differenzieren. Nur weil jemand das Wort *Gnade* verwendet, bedeutet das nicht, dass derjenige das Evangelium der Gnade auch wirklich korrekt darstellt oder wahrheitsgetreu vertritt. Prüfe alles! Vergewissere dich, dass die betreffende Person zum Thema Sünde eine klare Position vertritt, denn Sünde ist zerstörerisch und bringt eine ganze Reihe von schädlichen Auswirkungen mit sich.

IST DIE GNADE GEGEN DAS GESETZ?

ECHTE GNADENLEHRE
HÄLT DIE SITTLICHEN
EIGENSCHAFTEN,
MORALISCHEN WERTE
UND TUGENDEN AUFRECHT,
AUF DIE SICH DIE
ZEHN GEBOTE STÜTZEN.

IST DIE GNADE GEGEN DAS GESETZ?

Genauso wie es irrige Lehren gibt, die behaupten, dass die Gnade den Menschen einen Freibrief für sündiges Verhalten ausstelle, gibt es in falschen Gnadenlehren auch viele unzutreffende Aussagen über die Zehn Gebote. Wahre Gnade lehrt, dass die Zehn Gebote heilig, gerecht und gut sind (siehe Röm 7,12). Daran sollte für dich kein Zweifel bestehen. Echte Gnadenlehre hält die sittlichen Eigenschaften, moralischen Werte und Tugenden aufrecht, auf die sich die Zehn Gebote stützen. Die Zehn Gebote sind in ihrem Grundsatz so vollkommen und in ihren heiligen Anforderungen so unbeugsam, dass kein Mensch durch das Gesetz vor Gott gerechtfertigt (gerecht gemacht) werden kann, wie Galater 3,11 feststellt. Die Rechtfertigung vor Gott kann nur durch den Glauben an Christus kommen.

Die Zehn Gebote sind wunderbar. Das Problem waren nie die Zehn Gebote oder Gottes vollkommenes Gesetz. Das Problem war schon immer die Unfähigkeit des unvollkommenen Menschen, Gottes vollkommenes Gesetz zu halten. Auf Grundlage der Bedingungen des mosaischen Bundes wurdest du gesegnet, wenn du das Gesetz Gottes eingehalten hast. Doch hast du das nicht getan, wurdest du verflucht und ein Todesurteil wurde über dich verhängt.

Tatsache ist, dass unter dem alten Bund kein Mensch das Gesetz perfekt einhalten konnte. Deshalb schuf Gott bereits kurz nach Einführung des Gesetzes die Möglichkeit des Tieropfers, damit der Fluch, die Verurteilung und die Todesstrafe des Menschen auf den Stier oder das Lamm als Opfertier übertragen werden konnten. Das ist ein Bild von Jesus am Kreuz! Als Johannes der Täufer den Herrn Jesus am Ufer des Jordans sah, sagte er: »Seht her! Da ist das Lamm Gottes, das die Sünde der Welt wegnimmt!« (Joh 1,29 NLB). Wir sehen also sogar im Gesetz, dass die einzige Hoffnung des Menschen, mit Gott ein für alle Mal ins Reine zu kommen, Christus ist. Echte Gnadenlehre schätzt die moralische Vortrefflichkeit des Gesetzes, gleichzeitig wird sie uns jedoch deutlich machen, dass kein Mensch gerechtfertigt werden kann, indem er die Zehn Gebote hält. Damit lässt sie uns erkennen, wie dringend wir Jesus brauchen.

WAHRE GNADE LÄSST DICH DAS GESETZ ÜBERTREFFEN

In den 1500 Jahren, in denen das Volk Gottes unter dem Gesetz lebte, konnte kein einziger Mensch (außer unserem Herrn Jesus) die Zehn Gebote perfekt befolgen und dadurch gerechtfertigt werden. Aber hör gut zu, was ich dir jetzt sage: Unter der Gnade, wenn wir die Liebe unseres Herrn Jesus erfahren, werden wir das Gesetz unwillkürlich erfüllen! Unter wahrer Gnade werden wir ganz unbewusst heilig sein. Denn Gnade erzeugt echte Heiligkeit! Wie es der Apostel Paulus klar feststellte: »Die Liebe tut dem Nächsten nichts Böses; so ist nun die Liebe die Erfüllung des Gesetzes« (Röm 13,10).

Wenn die Liebe Jesu in uns ist, können wir nicht anders, als das Gesetz zu erfüllen. Wenn unsere Herzen von Gottes Gnade und Güte überfließen, verlieren wir das Interesse am Ehebrechen, Töten und Lügen und wenden uns auch von der Habsucht ab. Wir werden die Kraft haben, unsere Nächsten wie uns selbst zu lieben. Woher kommt diese Kraft? Von unserer festen Verwurzelung und Verankerung in der Gnade Gottes. Wir haben die Kraft zu lieben, denn er hat uns zuerst geliebt (1Joh 4,19)!

Tatsache ist, dass Kinder Gottes, die unter der Gnade sind, das geschriebene Gesetz nicht nur erfüllen, sondern es sogar noch übertreffen, weil sie einen Schritt weitergehen. Das Gesetz gebietet uns, keinen Ehebruch zu begehen. Und tatsächlich gibt es Menschen, die das Gesetz dem Buchstaben nach erfüllen und äußerlich keinen Ehebruch begehen; innerlich jedoch empfinden sie keine Liebe für ihre Ehepartner. Gnade ändert das alles. Gnade wirkt nicht nur oberflächlich, sie geht tiefer und lehrt einen Mann, seine Frau zu lieben, wie Christus die Gemeinde geliebt hat.

Desgleichen kann das Gesetz uns zwar die Habgier verbieten, aber es hat nicht die Fähigkeit, uns zu freudigen Gebern zu machen. Auch hier geht Gottes Gnade über das Äußerliche hinaus und verwandelt unsere begehrlichen Herzen in solche, die liebevoll, mitfühlend und großzügig sind. Erinnerst du dich an die Geschichte von Zachäus in Lukas Kapitel 19? Ihm wurde kein einziges Gebot gegeben. Doch als die Liebe und Gnade unseres Herrn Jesus sein Herz berührte, wollte der einst habgierige und korrupte Steuereintreiber die Hälfte seines Vermögens an die Armen geben und jedem Menschen, den er bestohlen hatte, das Vierfache zurückzahlen. Die Liebe zum Geld erstarb, als die Liebe zu Jesus kam.

Im Gegensatz dazu kam der reiche Oberste in Lukas Kapitel 18 zu unserem Herrn Jesus und prahlte damit, dass er alle Gebote gehalten habe. Dieser junge Mann erwartete wahrscheinlich, dass Jesus ihn zu seiner Gesetzestreue beglückwünschen würde, und fühlte sich so richtig selbstbewusst. Aber beachte, was Jesus zu ihm sagte. Anstatt ihn zu loben, sagte er: »Eines fehlt dir noch« (Lk 18,22). Siehst du, jedes Mal, wenn wir uns rühmen, durch das Gesetz gerechtfertigt zu sein, wird unser Herr auf einen Bereich hinweisen, in dem wir ein Defizit haben. Er sagte dem jungen Mann, er solle all seinen Besitz verkaufen, den Erlös den Armen geben und ihm nachfolgen. Jesus gab ihm das allererste Gebot: »Du sollst keine anderen Götter neben mir haben« (nicht einmal Geld), und sieh nur, was passierte. Der junge Mann ging traurig davon. Er war nicht in der Lage, auch nur einen Cent herzugeben! Ich glaube, dass der Heilige Geist diese beiden Geschichten in Lukas 18 und 19 mit Bedacht nebeneinandergestellt hat, um uns zu zeigen, was der Stolz auf die eigene

Gesetzestreue erzeugt und was im Gegensatz dazu die Kraft der bedingungslosen Gnade des Herrn im Leben der Menschen bewirkt.

WAHRE GNADE BRINGT DICH VON HERRLICHKEIT ZU HERRLICHKEIT

Gottes Gnade steht nicht im Widerspruch zu seinem vollkommenen und herrlichen Gesetz der Zehn Gebote. Tatsächlich sagt der Apostel Paulus: »Denn ich habe nach dem inneren Menschen Wohlgefallen am Gesetz Gottes« (Röm 7,22 ELB). Er sagt jedoch weiter: »Aber ich sehe ein anderes Gesetz in meinen Gliedern, das dem Gesetz meines Denkens widerstreitet und mich in Gefangenschaft bringt unter das Gesetz der Sünde, das in meinen Gliedern ist« (Röm 7,23). Kannst du es sehen?

Das Gesetz Gottes ist heilig, gerecht und gut, aber es hat nicht die Kraft, dich ebenfalls heilig, gerecht und gut zu machen. Höre, was Paulus in Römer 7 sagt:

> *Will ich damit etwa behaupten, dass Gottes Gesetz Sünde ist? Natürlich nicht! Das Gesetz an sich ist nicht sündig; aber durch das Gesetz*

erkannte ich erst meine Sünde. Ich hätte nicht gewusst, dass es falsch ist zu begehren, wenn das Gesetz mir nicht gesagt hätte: »Du sollst nicht begehren.« Doch die Sünde benutzte das Gebot und weckte in mir viele schlechte Leidenschaften! Gäbe es kein Gesetz, dann hätte die Sünde keine Macht. … Das Gesetz selbst aber ist heilig, und das Gebot ist heilig, gerecht und gut. … die Sünde benutzte das Gute, um mir den Tod zu bringen. … Das Gesetz ist also gut, weil es vom Geist Gottes kommt. Ich aber bin als Mensch wie in die Sklaverei verkauft und werde von der Sünde beherrscht. — Römer 7,7–8.13–14 NLB

Wir erfahren also von Paulus, dass Gottes vollkommenes Gesetz, wenn wir es mit dem Fleisch (dem Sündenprinzip) verquicken, im Ergebnis nicht zu Heiligkeit führt, sondern wie von Paulus beschrieben zu einem Leben, das von Sünde, Verurteilung und Tod beherrscht wird. Im Fleisch des Menschen wohnt nichts Gutes, und solange wir in diesem sterblichen Körper sind, wird das Sündenprinzip in unserem Fleisch weiterhin angeregt werden. Aber gelobt sei unser Herr Jesus Christus, denn dank ihm muss das nicht in Elend und Hoffnungslosigkeit enden. Aufgrund dessen, was Jesus am Kreuz vollbracht hat, kann der Schleier des Gesetzes aufgehoben werden, sodass wir Jesus von Angesicht zu Angesicht sehen und herrlich verwandelt werden können:

> *Wenn also schon das, was vergeht, voller Herrlichkeit ist, dann besitzt das, was bleibt, unermesslich viel größere Herrlichkeit. … Doch die Gedanken der Menschen wurden verfinstert, und bis auf den heutigen Tag liegt ein Schleier über ihrem Denken. Wenn das Gesetz des alten Bundes vorgelesen wird, erkennen sie die Wahrheit nicht. Dieser Schleier kann nur durch den Glauben an Christus aufgehoben werden. … Von uns allen wurde der Schleier weggenommen, sodass wir die Herrlichkeit des Herrn wie in einem Spiegel sehen können. Und der Geist des Herrn wirkt in uns, sodass wir ihm immer ähnlicher werden und immer stärker seine Herrlichkeit widerspiegeln. — 2. Korinther 3,11.14.18* NLB

Aus dem Wort Gottes geht klar hervor, dass das Gesetz unsere sündige Natur aufrührt, während die Gnade echte Heiligkeit hervorbringt. Bei Heiligkeit geht es ganz darum, immer mehr wie Jesus zu werden, und sie entsteht, wenn der Schleier des Gesetzes entfernt wird. Wenn der Schleier aufgehoben ist, sehen wir unseren wunderbaren Retter von Angesicht zu Angesicht, und seine herrliche Gnade verändert uns von Herrlichkeit zu Herrlichkeit.

Ich erinnere mich an einen geschätzten Bruder, der an meinen Dienst schrieb und dabei schilderte, wie eine Offenbarung unserer Vergebung in Christus ihn in eine innige Nähe zu Gott brachte, von der er zuvor nur geträumt hatte. »Früher, als ich noch *versuchte*, ein guter Christ zu sein«, sagte er, »*kroch* ich bloß voran, Zentimeter um Zentimeter. Aber jetzt, da ich die Gnade ergriffen habe, *renne* ich geradezu in meiner Beziehung zu Gott! Je mehr ich über Gottes erstaunliche Gnade erfahre, desto sehnlicher möchte ich ihn mit meinem Leben verherrlichen!«

Dies ist ein wunderbares, lebensechtes Beispiel dafür, was wirklich geschieht, wenn ein Mensch Lehre aufnimmt, die das unverfälschte Evangelium der Gnade enthüllt! Das herrliche Evangelium der

Gnade bringt immer herrliches Leben hervor. Wenn wir Jesus sehen, werden wir von Herrlichkeit zu Herrlichkeit wachsen und als ein strahlendes Zeugnis für die Güte des Herrn und seine Lauterkeit leben.

BEDEUTET GNADE RETTUNG FÜR ALLE?

ES GIBT
KEINEN ANDEREN WEG,
GERETTET ZU WERDEN,
ALS DURCH JESUS
UND SEIN
VERGOSSENES BLUT.

BEDEUTET GNADE RETTUNG FÜR ALLE?

Als unser Herr Jesus auf Golgatha starb, nahm er alle Sünden der Menschheit mit einem einzigen Opfer seiner selbst am Kreuz auf sich. Er nahm das Gericht, die Strafe und die Verurteilung für jede Sünde auf sich. Das ist der Wert des einen Menschen, Jesus. Er ist eine Überzahlung für die Gesamtsumme unserer aller Sünden.

Bedeutet das aber, dass jedem automatisch vergeben wird und er gerettet ist?

Natürlich nicht! Zwar wurde auf Golgatha für die Sünden aller Menschen bezahlt, dennoch muss jeder einzelne eine persönliche Entscheidung treffen, um die Vergebung aller seiner Sünden zu *empfangen*, indem er Jesus als seinen persönlichen Herrn und Retter empfängt. Jede sogenannte Gnadenlehre, die etwas anderes lehrt, ist eine falsche Gnadenlehre. Es gibt keinen anderen Weg, gerettet zu werden, als durch Jesus und sein vergossenes Blut.

Sieh dir an, was Gottes Wort dazu sagt:

Denn wenn du mit deinem Mund Jesus als den Herrn bekennst und in deinem Herzen glaubst, dass Gott ihn aus den Toten auferweckt hat, so wirst du gerettet. Denn mit dem Herzen glaubt man, um gerecht zu werden, und mit dem Mund bekennt man, um gerettet zu werden; denn die Schrift spricht: »Jeder, der an ihn glaubt, wird nicht zuschanden werden!« Es ist ja kein Unterschied zwischen Juden und Griechen: Alle haben denselben Herrn, der reich ist für alle, die ihn anrufen, denn: »Jeder, der den Namen des Herrn anruft, wird gerettet werden«. — Römer 10,9–13

Die Bibel ist eindeutig in Bezug darauf, wie ein Mensch zu einem wiedergeborenen Gläubigen in Christus wird. Um gerettet zu werden, musst du mit deinem Mund bekennen, dass Jesus dein Herr ist, und in deinem Herzen glauben, dass Gott ihn von den Toten auferweckt hat. Wenn dir also ein »Gnadenlehrer« sagt, dass du Jesus nicht als deinen Herrn und Erlöser empfangen müssest, um gerettet zu werden, weil es »andere Wege« gebe, liegt diese Person biblisch falsch. Jesus ist der einzige Weg. Es gibt keine Erlösung ohne Jesus. Es gibt keine Vergebung ohne das reinigende Blut Jesu.

Ohne die Auferstehung Jesu gibt es keine Gewissheit, dass alle unsere Sünden vergeben wurden. Die Errettung ist nur in Jesus zu finden und in Jesus allein!

Genauso weiß ich von falschen Gnadenpredigern, die lehren, dass eines Tages in kommenden Zeiten jeder gerettet wird, sogar Satan und seine gefallenen Engel. Aus diesem Glauben heraus lehren sie auch, dass die Hölle kein realer Ort der ewigen Bestrafung sei. Diese Menschen nehmen in Bezug auf Gottes Liebe eine Extremposition ein, bis hin zum Ausschluss seiner Gerechtigkeit und seines Gerichts, und weigern sich zu glauben, was die Bibel klar über die ewige Qual in der Hölle für die Unerlösten lehrt. Das ist *nicht* das Evangelium der Gnade.

HOLY BIBLE

WIE
UMFÄNGLICH
IST DIR
IN CHRISTUS
VERGEBEN?

UM DIE
VOLLSTÄNDIGE
VERGEBUNG DER SÜNDEN
ZU VERSTEHEN,
MÜSSEN WIR DEN WERT
DER PERSON VERSTEHEN,
DIE SICH FÜR UNS
GEOPFERT HAT.

WIE UMFÄNGLICH IST DIR IN CHRISTUS VERGEBEN?

Die gute Nachricht des Evangeliums ist die, dass unser Herr und Retter, Jesus Christus, vom Himmel auf die Erde hinabgestiegen ist und sich selbst am Kreuz geopfert hat. Sein vollkommenes, sündloses Blut bot Vergebung für *alle* unsere Sünden.

Das wahre Evangelium erklärt uns, dass in dem Moment, in dem wir Jesus in unsere Herzen einladen und ihn als unseren Herrn und Retter bekennen, alle unsere Sünden – vergangene, gegenwärtige und zukünftige – vergeben sind. Um die vollständige Vergebung der Sünden zu verstehen, müssen wir den Wert der Person verstehen, die sich am Kreuz für uns geopfert hat. Nur Jesus, weil er der sündlose Sohn Gottes war, konnte mit einem einmaligen Opfer seiner selbst für jede Sünde eines jeden Menschen, der jemals lebte bzw. leben würde, bezahlen.

HÜTE DICH VOR FALSCHEN GNADENLEHREN IM ZUSAMMENHANG MIT VERGEBUNG

Nun gibt es Lehren, die behaupten, dass nur unsere vergangenen Sünden vergeben seien, wenn wir Jesus empfangen. Unsere zukünftigen Sünden seien *erst* vergeben, wenn wir sie bekennen und Gott um Vergebung bitten. Das widerspricht ganz einfach der Bibel, wie wir gleich sehen werden.

Epheser 1,7 (EÜ) bekundet: »In ihm haben wir die Erlösung durch sein Blut, die Vergebung der Sünden nach dem Reichtum seiner Gnade.« Im griechischen Grundtext steht das Verb für »haben« in der Gegenwartsform, was dort eine fortlaufende Handlung anzeigt. Das bedeutet, dass wir kontinuierlich Vergebung der Sünden haben, einschließlich aller Sünden, die wir jemals begehen werden.[1]

In 1. Johannes 2,12 steht: »Ich schreibe euch, ihr Kinder, weil euch die Sünden vergeben sind um seines Namens willen.« Im Griechischen steht »vergeben sind« im Perfekt, was bedeutet, dass diese Vergebung eine abgeschlossene Handlung ist, die in der Vergangenheit vollendet wurde, deren Wirkung jedoch in die Gegenwart reicht.[2] Folglich ist Gottes Vergebung für uns in der Gegenwart wirksam und bleibt es auch in der Zukunft.

Lass mich dir eine weitere eindeutige Schriftstelle geben, die besagt, dass alle unsere Sünden, einschließlich unserer zukünftigen Sünden, vergeben sind:

> *Und Gott hat euch mit ihm lebendig gemacht, die ihr tot wart in den Sünden und in der Unbeschnittenheit eures Fleisches, und hat uns vergeben alle Sünden. Er hat den Schuldbrief getilgt, der mit seinen Forderungen gegen uns war, und hat ihn aufgehoben und an das Kreuz geheftet.* — *Kolosser 2,13–14* LUT

Jesus hat alle unsere Sünden vergeben. Das Wort »alle« in diesem Vers ist die Übersetzung des griechischen Wortes *pas* und bedeutet »jede Art oder Form, bezogen auf die Gesamtheit der genannten Personen oder Dinge«[3], also »alles, jegliches, jedes, sämtliches«.[4] Alles bedeutet also wirklich *alles*. Gottes Vergebung unserer Sünden umfasst jegliche Sünde – vergangene, gegenwärtige und zukünftige. Als wir den Herrn Jesus als unseren Retter annahmen, empfingen wir mit ihm die vollkommene und vollständige Vergebung *aller* unserer Sünden.

Unsere Aufgabe als Pastoren ist es, den uns anvertrauten Menschen die sichere Gewissheit ihrer Errettung und Vergebung zu vermitteln, die in Christus zu finden ist. Es steht uns nicht zu, eine inkonsistente Lehre zu verbreiten, die ihre Herzen mit Unsicherheit und Ungewissheit füllt und sie fragen lässt, ob ihnen wirklich vergeben ist und ob das Werk ihres Erlösers am Kreuz tatsächlich vollständig ist. Die Gewissheit der Erlösung und die restlose Vergebung der Sünden bilden die Grundlage für die gute Nachricht, die wir predigen. Ich bin der festen Überzeugung, dass diese Offenbarung der guten Nachricht von Gottes Vergebung nicht dazu führt, dass Menschen zügellos leben wollen. Jesus selbst sagte, dass diejenigen, denen viel vergeben ist, ihn sehr lieben werden (siehe Lk 7,47). Wenig lieben werden ihn nur diejenigen, denen wenig vergeben ist (eigentlich gibt es solche Geschöpfe gar nicht, weil uns allen viel vergeben wurde) – oder die besser gesagt *denken*, dass ihnen wenig vergeben wurde.

Ich bete, dass jeder, der uns das wahre Evangelium der Gnade predigen hört, erfahren wird, wie umfassend die Vergebung Gottes gegenüber denen ist, die bereit sind, seinen Sohn Jesus Christus anzunehmen. Es wird sie ganz sicher dazu bringen, sich noch mehr in Jesus zu verlieben und ein Leben zu führen, das ihm Lob, Anerkennung und Ehre bringt.

WAS IST MIT DEM KENNEN SÜNDEN?

WIR BEKENNEN
UNSERE SÜNDEN,
WEIL WIR WISSEN,
DASS UNS BEREITS
VERGEBEN IST,
UND NICHT,
UM VERGEBUNG
ZU ERLANGEN.

WAS IST MIT DEM BEKENNEN VON SÜNDEN?

Wenn ich predige, dass alle unsere Sünden vergeben sind und dass wir dauerhaft unter dem Fluss des ständig reinigenden Blutes Jesu stehen, wird mir oft die Frage gestellt: »*Was ist mit dem Bekennen von Sünden, von dem in 1. Johannes 1,9 die Rede ist? Dort steht: ›Wenn wir aber unsere Sünden bekennen, so ist er treu und gerecht, dass er uns die Sünden vergibt und uns reinigt von aller Ungerechtigkeit.‹ Müssen wir nicht unsere Sünden bekennen, damit uns vergeben wird und wir von aller Ungerechtigkeit gereinigt werden?*«

Mein Freund, du hörst hier jemanden reden, der die traditionelle Auslegung und das herkömmliche Verständnis dieses Verses in aller Konsequenz gelebt hat. Als junger Erwachsener, der ernsthaft ein heiliges Leben führen und Gott gefallen wollte, begann ich, laufend meine Sünden zu bekennen. Ich hatte diese Lehre angenommen und wollte auch nicht eine Minute lang damit zubringen, nicht »im Reinen mit Gott« zu sein. Wenn mir also nur ein einziger falscher Gedanke in den Sinn kam, bekannte ich diese Sünde sofort. Ich hielt mir dann die Hand vor den Mund und beichtete flüsternd mein Vergehen, auch wenn ich mitten in einem Fußballspiel mit meinen Freunden war!

Ich brauche wohl nicht zu erwähnen, dass meine Freunde mich seltsam fanden. Ich hingegen verstand nicht, warum nicht auch meine christlichen Freunde ihre Sünden bekannten. Warum war es ihnen nicht so ernst damit, mit Gott unbedingt immer hundertprozentig im Reinen zu sein?

Dieses dauernde, unablässige Bekennen meiner Sünden machte mich extrem sündenbewusst. Ich nahm jeden negativen Gedanken überaus deutlich wahr. Ich war so beunruhigt, dass ich irgendwann dachte, es gäbe für meine Sünden keine Vergebung mehr. Ich begann sogar zu glauben, ich hätte meine Erlösung verloren und käme in die Hölle! Der Feind nutzte mein zwanghaftes Sündenbekenntnis zu seinem Vorteil und brachte mich unter ständige Verurteilung. Dieser Druck wurde so heftig, dass ich das Gefühl hatte, als stünde ich kurz vorm Durchdrehen!

In meinem Buch *Unverdiente Gunst*[5] habe ich etwas ausführlicher darüber geschrieben, welche Kämpfe ich mit 1. Johannes 1,9 hatte und worum es in diesem Vers eigentlich geht. Zum besseren Verständnis reiße ich dieses Thema hier aber nochmal kurz an:

- Das erste Kapitel von 1. Johannes richtet sich nicht an Gläubige, sondern an Gnostiker, die nicht glaubten, dass Jesus im Fleisch gekommen war, daher auch diese untypische Eröffnung im ersten Johannesbrief.[6] Es gibt dort keinen Gruß an die Gläubigen, anders als in Johannes' zweitem und drittem Brief. Stattdessen eröffnet der Apostel seinen ersten Brief, indem er direkt die folgenschwere Irrlehre der Gnostiker anspricht – »Was von Anfang war, was wir *gehört* haben, was wir mit unseren Augen *gesehen* haben, was wir *angeschaut* und was unsere Hände *betastet* haben« (1Joh 1,1). Johannes sagte ihnen, dass Jesus tatsächlich im Fleisch gekommen sei, denn er und seine Mitjünger hätten Jesus gehört, gesehen und berührt.

- Erst im zweiten Kapitel des ersten Johannesbriefs sieht man zum ersten Mal die Anrede »Meine Kinder«, was nahelegt, dass der Apostel Johannes sich ab diesem Punkt an die Gläubigen wandte.

- Die Gnostiker glaubten auch, dass sie keine Sünde hätten. Also sagte ihnen der Apostel Johannes, dass sie nur ihre Sünden eingestehen und bekennen müssten, dann würde Gott ihnen vergeben und sie von aller Ungerechtigkeit reinigen (siehe 1Joh 1,8–9).

- Die ersten Christen hatten keinen ersten Johannesbrief, der entstand etwa fünfzig Jahre später. Ihren »rechten Stand bei Gott« müssen sie deshalb auf andere Art als durch ein Sündenbekenntnis erlangt haben.

- Apostel Paulus, der zwei Drittel der Briefe an die Gemeinden schrieb, lehrte nicht ein einziges Mal über das Bekennen von Sünden. In seinem Brief an die korinthischen Christen, von denen viele sündigten, indem sie beispielsweise Tempelprostituierte aufsuchten, sagte er mit keinem Wort, dass sie hingehen und ihre Sünden bekennen sollten, um mit Gott ins Reine zu kommen. Vielmehr erinnerte er sie daran, wer sie in Christus waren – »Wisst ihr nicht, dass ihr Gottes Tempel seid, und dass der Geist Gottes in euch wohnt?« (1Kor 3,16).

- Unser gerechter Stand vor Gott basiert nicht auf dem unvollkommenen Bekenntnis der Sünden durch fehlerhafte Menschen, sondern auf dem Reichtum der Gnade Gottes und dem vollkommenen Opfer seines Sohnes.

- Diejenigen, die glauben, dass 1. Johannes 1,9 den Gläubigen sagt, sie müssten eine begangene Sünde immer auch bekennen, sollten sich im Klaren sein, dass in dem Fall ausnahmslos *alle* Sünden identifiziert und bekannt werden müssten. Andernfalls wäre man, ausgehend von diesem Vers, nämlich immer noch ungerecht. Du kannst in dem, was du bekennst, nicht wählerisch sein, oder nur die Sünden bekennen, an die du dich erinnerst. Es ist menschlich schlicht nicht möglich, *jede* Sünde in Gedanken, Worten und Taten zu bekennen.

- Das Wort »bekennen« in 1. Johannes 1,9 ist das griechische Wort *homologeo* und bedeutet »das Gleiche sagen« oder »zustimmen«.[7] Unsere Sünden zu bekennen heißt somit, über unsere Sünden das Gleiche zu sagen wie Gott: dass sie Sünde sind und dass unsere Sünden durch das Blut unseres Herrn Jesus Christus vergeben und weggewaschen wurden (Offb 1,5). Wenn du gesündigt hast und dies auch erkennst, besteht das wahre Bekenntnis darin, dem Wort Gottes zuzustimmen und Gott deine Dankbarkeit für die Tatsache zu zeigen, dass dir in Christus vergeben ist.

Den Theologen unter uns möchte ich eine kraftvolle Offenbarung mitteilen, für die der Herr mir die Augen geöffnet hat. In meinem Arbeitszimmer forderte er mich auf, das Wort »Sünden« in 1. Johannes 1,9 zu untersuchen und festzustellen, ob es sich im griechischen Grundtext dabei um ein Substantiv oder um ein Verb handelt. Bist du bereit für die Antwort?

In den beiden Fällen, in denen wir in 1. Johannes 1,9 das Wort »Sünden« lesen, wird im griechischen Grundtext das Substantiv *hamartia* verwendet. Laut dem bekannten Bibelforscher William Vine bezeichnet *hamartia* (»das Ziel verfehlen«) »ein Handlungsprinzip bzw. einen Beweggrund oder inneren Antrieb, der zu Taten führt … ein herrschendes Prinzip oder eine bestimmende Kraft«.[8] Mit anderen Worten, es bezieht sich auf das Prinzip der Sünde oder unseren sündhaften Zustand infolge von Adams Sünde. Indem Johannes diese Wortform wählte, ließ er eindeutig erkennen, dass es nicht um einzelne begangene Sünden geht, sonst hätte er die Verbform *hamartano* verwendet.

Kannst du angesichts dessen erkennen, dass es in 1. Johannes 1,9 nicht darum geht, unsere Sünden jedes Mal zu bekennen, wenn wir in Gedanken oder Taten sündigen? Johannes sprach von der Notwendigkeit, uns einzugestehen, dass wir aufgrund von Adams Sünde Sünder sind, es vor Gott zu bekennen und dabei die vollkommene Vergebung für alle unsere Sünden durch das vollbrachte Werk Jesu zu empfangen. Wie oft müssen wir das tun? Nur einmal.

Aus diesem Grund ist 1. Johannes 1,9 in erster Linie ein Vers zur Errettung. Er ermutigt den Sünder, sich seinen sündigen Zustand, seine »Sündhaftigkeit«, einzugestehen und diese zu bekennen. Er regt ihn dazu an, durch den Glauben an unseren Herrn Jesus Christus wiedergeboren zu werden und den durch Adam verursachten sündigen Zustand durch einen von Christus bewirkten neuen gerechten Zustand ersetzen zu lassen. Die abweichende Lehre der Gnostiker teilte diesen Glauben von der Sündhaftigkeit des Menschen nicht. Johannes ging gleich zu Beginn des ersten Johannesbriefes direkt auf diesen Irrglauben ein und hielt die Gnostiker dazu an, ihren sündigen Zustand zu bekennen und die vollkommene Vergebung des Herrn sowie die vollständige Reinigung von aller Ungerechtigkeit durch sein vollbrachtes Werk am Kreuz zu empfangen.

Und was genau sagt der Apostel Johannes über unser Sündigen, nachdem wir gläubig geworden sind? Nur zwei Verse später, im zweiten Kapitel von 1. Johannes, beantwortet Johannes diese Frage, als er seine Botschaft an die Gläubigen beginnt: »Meine Kinder, dies schreibe ich euch, damit ihr nicht sündigt! Und wenn jemand sündigt, so haben wir einen Fürsprecher bei dem Vater, Jesus Christus, den Gerechten« (1Joh 2,1).

Diesmal spricht er von der Sünde als *Handlung* und verwendet im griechischen Grundtext das Verb *hamartano*. Johannes bezieht sich nun auf Gläubige und die Sünden, die sie begehen – ihre sündigen Gedanken und Taten. Was sagt Johannes dazu? Er erinnert uns daran, dass wir, wenn wir als Gläubige versagen, einen Fürsprecher beim Vater haben – Jesus Christus.

Dank unseres Herrn Jesus und dem, was er am Kreuz vollbracht hat, haben wir Vergebung und stehen auch dann noch gerecht vor Gott, wenn wir etwas Falsches tun. So wie der Apostel Paulus die Gläubigen in Korinth, als sie versagt hatten, daran erinnerte, dass sie immer noch der Tempel des Heiligen Geistes waren, so erinnert Johannes uns daran, wer wir in Christus sind und durch wen wir zur Rechten Gottes vertreten werden.

Kannst du sehen, dass die Antwort der Bibel auf die Frage des Überwindens der Sünde immer darin besteht, die Gläubigen an ihre gerechte Identität in Christus zu erinnern? Dies soll uns nicht zur Sünde anregen, sondern uns ermutigen, uns auf unseren Herrn Jesus zu verlassen, unsere Sünden am Kreuz bestraft zu sehen und siegreich und ruhmvoll für ihn zu leben. Genau darum geht es bei wahrer Buße – man wendet sich zum Kreuz und kehrt zu Gottes Gnade um! Wenn du heute versagst, darfst du wissen, dass du mit Gott ehrlich über dein

Versagen sprechen kannst, aber tue es mit einer Offenbarung über das Kreuz unseres Herrn Jesus. Sieh, wie deine Sünden in seinem Körper bestraft wurden, und empfange von neuem seine Vergebung und seine unverdiente Gunst, die dich über deine Sünden herrschen lässt.

BEKENNEN WIR UNTER DER GNADE UNSERE SÜNDEN?

Einmal, als ich in Italien predigte, erzählte mir ein namhafter Psychiater, dem ich vorgestellt worden war, etwas wirklich Herzzerreißendes. Er sagte mir, dass er schon viele aufrichtige Christen behandelt habe, die ein Leben ohne Mut und Hoffnung führten, einige davon sogar in psychiatrischen Einrichtungen, nur weil sie glaubten, ihr gerechter Stand vor Gott hinge von ihrer Fähigkeit ab, jede Sünde zu bekennen.

Mein Freund, erkennst du, wie gefährlich diese Lehre ist? Ohne die Gewissheit der vollständigen Vergebung sind diese Gläubigen sündenbewusst, mit Schuld und Scham belastet, vom Feind verurteilt, freudlos und in Bezug auf ihre Errettung völlig unsicher.

Doch die Wahrheit ist, dass jeder Gläubige die völlige Vergebung in Christus hat, dessen ewiges Blut ihn fortlaufend von allen Sünden reinigt. In dem Moment, in dem Gläubige diese Wahrheit erkennen, kommt der Himmel in ihre Seelen, so wie es bei Frances Havergal der Fall war, einer berühmten Kirchenlieddichterin des 19. Jahrhunderts.[9] Und das erzeugt in ihnen nicht ein Verlangen nach sündhaftem Verhalten, sondern nach einer Lebensführung, die ihren Retter verherrlicht. Wem bewusst ist, dass ihm viel vergeben wurde – alles, um genau zu sein –, der wird auch viel lieben (siehe Lk 7,47).

Ist Joseph Prince nun dagegen, dass ein Christ seine Sünden bekennt? Lass es mich ganz deutlich sagen: Ich halte das Bekennen von Sünden für richtig und tue es selbst auch heute noch. Aber mit einem großen Unterschied – jetzt bekenne ich meine Sünden und weiß dabei, dass alle meine Sünden bereits vergeben *sind.* Ich bekenne meine Sünden nicht, damit mir vergeben wird. Weil ich eine enge Beziehung zu meinem himmlischen Vater habe, kann ich ehrlich zu ihm sein, wenn ich etwas falsch gemacht habe. Ich kann mit ihm darüber sprechen, seine Gnade für meine Schwäche empfangen und mit der Gewissheit weiterleben, dass er mir durch das Opfer seines Sohnes bereits vergeben hat. Ich mache mir auch keine Gedanken mehr über die Tatsache, dass ich unmöglich jede Sünde bekennen kann, denn ich weiß, dass es nicht meine Bekenntnisse sind, die mich retten, sondern das Blut Jesu.

Lieber Freund, unsere Vergebung wurde ganz und gar durch das kostbare Blut unseres Herrn erkauft. Sie hängt nicht davon ab, wie gut es uns gelingt, jede unserer Sünden zu bekennen. Wie sollte unsere Vergebung von der Stetigkeit, Häufigkeit und Beschaffenheit unserer Bekenntnisse abhängig sein? Das kann nur scheitern! Unsere Vergebung hängt von unserem Glauben an den Wert des sündlosen Blutes unseres Herrn ab, das am Kreuz vergossen wurde. Es gibt einen himmelweiten Unterschied zwischen diesen beiden Grundlagen für unsere Vergebung und dies wiederum führt zu einem himmelweiten Unterschied für deinen Seelenfrieden!

Liebe Freunde, die Gnade tut die Sünde nicht als etwas Harmloses ab, vielmehr ist sie die Kraft, sich von der Sünde zu befreien! Und das ist die *vorhandene Wahrheit* der Gnade, in der wir nach Gottes Willen gegründet sein sollen (siehe 2Petr 1,12) – die Wahrheit, dass wir, was unser Sündenbekenntnis betrifft, unsere Sünden bekennen, weil uns *bereits vergeben ist*, und nicht, um Gottes Vergebung *zu erlangen*. Je bewusster du dir dessen bist, wie umfassend dir in Christus bereits vergeben ist, desto siegreicher wirst du leben.

WAHRE GNADE BEWIRKT ECHTE HEILIGKEIT

JE MEHR DU
IN DER GNADE
WÄCHST,
DESTO STÄRKER
ENTWICKELT SICH
DEINE HEILIGKEIT.

WAHRE GNADE BEWIRKT ECHTE HEILIGKEIT

Ich bin mir durchaus bewusst, dass es Pastoren gibt, die aufrichtig besorgt sind, dass die Menschen, wenn die Wahrheit des Evangeliums gepredigt wird, ihre völlige Vergebung in Christus ausnutzen und ein gottloses Leben führen könnten. Sie befürchten, dass eine solche Lehre keinen Wert auf Heiligung legt und nicht den Wunsch fördert, ein heiliges Leben zu führen, das Gott verherrlicht. Aber das ist eine Fehlannahme, denn die wahre Gnade lehrt sehr wohl die zunehmende Heiligung.

Lass es mich ganz deutlich sagen: Auch wenn der Gläubige durch das Blut Jesu gerechtfertigt und gerecht gemacht wurde, ist es dennoch wahr, dass die Heiligung in seinem Wachstum als Christ ein andauernder Prozess ist. Deshalb sagt der Verfasser des Hebräerbriefs, dass wir »geheiligt« werden, obwohl wir durch den einen Gehorsamsakt Christi am Kreuz »für immer vollendet« wurden (Hebr 10,14).

WIE ENTSTEHT HEILIGKEIT?

Als Gläubige können wir nicht gerechter werden, aber wir können hinsichtlich der Art, wie wir leben, geheiligt oder heiliger werden. Die Rechtfertigung durch den Glauben geschah augenblicklich. In dem Moment, als wir Jesus empfingen, wurde uns vergeben, wir wurden gereinigt, in Gerechtigkeit vollendet und gerettet. Außerdem wurden wir in Christus geheiligt (siehe Hebr 10,10). Es ist jedoch wichtig zu verstehen, dass die Offenbarung und die Verwirklichung unserer Heiligung in Christus fortschreitend sind. Das bedeutet, je mehr wir in unserer Beziehung zum Herrn Jesus wachsen, desto heiliger werden wir in jedem Bereich unseres Lebens.

Gottes Wort verkündet: »Alle Schrift ist von Gott eingegeben und nützlich zur Belehrung, zur Überführung, zur Zurechtweisung, zur Erziehung in der Gerechtigkeit« (2Tim 3,16). Hüte dich also vor jeder falschen Gnadenlehre, die besagt, dass Verhalten, Disziplin, Zurechtweisung und ein integres Leben nicht wichtig seien. Die Offenbarung der Vergebung wirkt sich auf die rechte Art zu leben weder beeinträchtigend noch nachteilig aus. Vielmehr ist sie die Triebkraft, die ein solches Leben überhaupt erst möglich macht.

Das Online-Wörterbuch von Merriam-Webster bezeichnet Heiligung als »den Zustand des Wachsens in der göttlichen Gnade als Ergebnis der christlichen Hingabe nach der Bekehrung«.[10] Weißt du, es geht ganz darum, in der Gnade zu wachsen. Wir sollten unsere Leute heute dazu ermutigen, sich fest im Evangelium der Gnade zu gründen. Paulus sagte zu Timotheus, »sei stark in der Gnade, die in Christus Jesus ist« (2Tim 2,1). Petrus ermutigte die Gläubigen mit diesen Schlussworten in seinem letzten Brief dazu, ein starkes Fundament zu schaffen: »Wachset aber in der Gnade und Erkenntnis unseres Herrn und Retters Jesus Christus!« (2Petr 3,18).

JE MEHR DU IN DER GNADE WÄCHST, DESTO STÄRKER ENTWICKELT SICH DEINE HEILIGKEIT

Wahre Gnade bringt immer echte Heiligkeit hervor. Je mehr man in der Gnade wächst – je mehr man immer wieder im Wasser des Wortes der Gnade Gottes gewaschen wird –, desto mehr macht sich die Heiligung und Heiligkeit bemerkbar. Wenn unsere

Leute die wahre Gnade unseres Herrn Jesus erleben, verblassen die Verlockung und die vergänglichen Freuden der Sünde im Licht seiner Herrlichkeit und Gnade. Und dann beginnen sie, siegreich über die Macht der Sünde zu leben.

WENN DU JESUS BEGEGNEST, WIRST DU VERWANDELT

DAS EVANGELIUM
DER GNADE
IST DIE ANTWORT.
ES KANN EINE PERSON,
DIE MIT SÜNDE KÄMPFT,
AUS DER NIEDERLAGE
HERAUSHEBEN.

WENN DU JESUS BEGEGNEST, WIRST DU VERWANDELT

Im Verlauf dieses Buches habe ich versucht, dir zu zeigen, dass die Gnade für jeden die Antwort ist, der mit Niederlage, Versagen und Frustration zu kämpfen hat. Die Gnade hebt eine Person, die mit Sünde kämpft, aus ihrem Leben der Niederlage heraus. Sie bewirkt keine äußere, kurzlebige Form der Heiligkeit, sondern eine dauerhafte Heiligkeit, die aus einer Verwandlung hervorgeht, die im Herzen eines Menschen beginnt, wenn er Jesus begegnet.

Genau so ist es Neil aus England ergangen. Er schrieb an meinen Dienst und schilderte, wie der Herr ihn von einem vierzig Jahre andauernden Kampf gegen eine sexuelle Sucht befreit hat:

Als ich ein Buch von Pastor Prince las, wurde ich von einer vierzig Jahre andauernden Pornografiesucht befreit. In der Vergangenheit hatte ich versucht, mich aus eigener Kraft und Stärke von dieser Sucht zu befreien, scheiterte aber jedes Mal.

Während dieser ganzen Zeit benutzte der Teufel diese Sucht, um mich mit Angst, Schuld und Verurteilung zu überhäufen. Die Angst und Scham hinderten mich daran, die Pastoren der verschiedenen Gemeinden, die ich in diesen vierzig Jahren besuchte, um Hilfe zu bitten. In einigen dieser Gemeinden gehörte ich sogar zur Leiterschaft.

Beim Lesen des Buches empfing ich eine ganz neue Offenbarung darüber, wer ich in Christus bin – ich bin die Gerechtigkeit Gottes in Christus Jesus –, und ich erfuhr, dass es für diejenigen, die in Christus Jesus sind, keine Verdammnis mehr gibt. Durch diese neue Offenbarung wurde die Kontrolle, die diese Sucht über mein Leben hatte, für immer gebrochen.

Ich trage nun einen Ring, um mich daran zu erinnern, dass ich gerecht bin. Jedes Mal, wenn der Teufel mich in Versuchung führen will, mir pornografisches Material anzusehen, muss ich nur auf den Ring schauen, um mich daran zu erinnern, dass ich die Gerechtigkeit Gottes in Christus bin, und sofort verliert die Versuchung jegliche Macht über mich.

Das ist die Kraft des Evangeliums. Kostbare Leben wie das von Neil werden durch die Liebe unseres Herrn Jesus berührt, verändert und umgewandelt. Unsere Aufgabe als mit dem Evangelium betraute Prediger und Pastoren ist es nicht, uns von der Wahrheit zurückzuziehen, sondern das Wort Gottes sorgfältig zu studieren, es richtig zu beurteilen und Gottes Wahrheit mit absoluter Klarheit und mit Liebe entschlossen zu verkünden. Wir dürfen uns für das Evangelium nicht schämen. Es ist, wie von Apostel Paulus festgestellt, zweifellos »Gottes Kraft zur Errettung für jeden, der glaubt …, denn es wird darin geoffenbart die Gerechtigkeit Gottes aus Glauben zum Glauben, wie geschrieben steht: ›Der Gerechte wird aus Glauben leben‹« (Röm 1,16–17). Im Evangelium geht es nicht um unsere eigene Gerechtigkeit, sondern um die Gerechtigkeit Gottes, die denen geschenkt wird, die ihren Glauben in unseren Herrn Jesus setzen.

Vielleicht können wir deshalb nicht so viele Menschen zur Errettung führen, weil wir ein Evangelium vorgestellt haben, das neben Christus auch unsere eigenen Werke enthält, wenngleich das in vielen Fällen unbeabsichtigt geschehen sein mag. Gute Werke sind ein Beleg für die Errettung, aber sie sind ganz sicher nicht die Voraussetzung dafür. Erst wenn wir wissen, dass wir aus Gnade und durch den Glauben gerettet sind, kann das Ergebnis ein moralisch einwandfreier Lebenswandel sein. Es geschieht nicht umgekehrt. Ich weiß, dass es nur *einen* Grund gibt, weshalb unser Dienstbüro Woche für Woche von Zeugnissen überflutet wird, die schildern, wie kostbare Menschen von Sünde, Sucht und allerlei Bindungen befreit wurden. Und zwar, weil das Evangelium von Jesus Christus gepredigt wird. Mögen wir alle gewissenhafte Boten des wahren Evangeliums der Gnade sein, das Leben verändert!

the kingdom of Da[vid]

[ ]d my covenant shall stand fa[st]
[ ]seed also will I make to endure for
[ ]l his throne as the days of heaven.
[ ]4; Ps. 18.50; Je. 33.17.
his children forsake my law, and
[ ]t in my judgments;
[ ].14.
[ ]f they break my statutes, and keep
[ ]y commandments;
Then will I visit their transgression
[t]he rod, and their iniquity with stripes.
Nevertheless my lovingkindness will
[ ]utterly take from him, nor suffer my
[ ]fulness to fail.
[ ]a. 7.15.
[3]4 My covenant will I not break, nor
[ ]r the thing that is gone out of my lips.
[ ]u. 23.19; De. 7.9; Je. 33.20,21.
35 Once have I sworn by my holiness that
[ ]vill not lie unto Dā'-vid.
Ps. 60.6; Am. 4.2.
36 His seed shall endure for ever, and his
[th]rone as the sun before me.
Ver. 29; Ps. 72.5.
37 It shall be established for ever as the
[ ]moon, and as a faithful witness in heaven.
Sē'-lah.
Job 16.19; Ps. 72.5.
38 But thou hast cast off and abhorred,
[rejected], thou hast been wroth with thine
anointed.
Ps. 29.6; 44.9.
39 Thou hast made void [abhorred] the
covenant of thy servant: thou hast profaned
his crown by casting it to the ground.
Ps. 74.7; 78.59; La. 5.16.
40 Thou hast broken down all his hedges;
thou hast brought his strong holds to ruin.
Ps. 80.12; La. 2.2,5.
41 All that pass by the way spoil him:
he is a reproach to his neighbours.
Ps. 44.13; 79.4; 80.12.
42 Thou hast set up the right hand of his
adversaries; thou hast made all his enemies
to rejoice.
Ps. 13.2; 80.6.
43 Thou hast also turned the edge of his
sword, and hast not made him to stand in
the battle.
44 Thou hast made his glory to cease,
and cast his throne down to the ground.
Eze. 28.7.
45 The days of his youth hast thou shortened:
thou hast covered him with shame.
Sē'-lāh.
Ps. 44.15; 71.13; 102.23.
46 How long, LORD? wilt thou hide thyself
for ever? shall thy wrath burn like fire?
Ps. 44.24; 79.5; 80.4.
47 Remember how short my time is:
[wherefore ha]st thou made all men in vain?

[n]ot see death? shall he deliver his soul from
the hand of the grave [power of Sheol]?
Sē'-lah.
Ps. 22.29; 49.9,15.
49 Lord, where are thy former loving-
kindnesses, which thou swarest unto Dā'-vid
in thy truth [faithfulness]?
Je. 30.9; Eze. 34.23.
50 Remember, Lord, the reproach of thy
servants; how I do bear in my bosom the
reproach of all the mighty people;
Ps. 69.9; 74.18,22.
51 Wherewith thine enemies have reproached, O LORD; wherewith they have
reproached the footsteps of thine anointed.
Ver. 38; Ps. 74.10.
52 Blessed be t[he] LORD for evermore.
Ā'-mēn, and Ā'-m[ēn].
Ps. 41.13; 72.19; 10[6.48].

PS[ALM 90]

1 Moses, setting forth ... complaineth
of human fragility, ... 10 and
brevity of life.

A Prayer of Mo[ses] ...

LORD, thou hast be[en] ... place
in all generations.
De. 33.27; Eze. 11.16.
2 Before the moun[tains] ...
earth, or ever thou had[st formed] ...
and the world, even fr[om] ...
everlasting, thou art God.
Pr. 8.25,26.
3 Thou turnest man to d[estruction] ...
sayest, Return, ye children o[f] ...
Ge. 3.19; Ec. 12.7.
4 For a thousand years in th[y] ...
as yesterday when it is past, and ...
in the night.
2 Pe. 3.8.
5 Thou carriest them away as ...
flood; they are as a sleep: in the m[orning]
they are like grass which groweth up.
Ps. 73.20; 103.15; Is. 40.6.
6 In the morning it flourisheth, and gr[oweth]
up; in the evening it is cut down, a[nd]
withereth.
Job 14.2; Ps. 92.7.
7 For we are consumed by thine anger,
and by thy wrath are we troubled.
8 Thou hast set our iniquities before
thee, our secret sins in the light of thy
countenance.
Ps. 19.12; 50.21; Je. 16.17.
9 For all our days are passed away in thy
wrath: we spend [bring] our years [to an end]
as a tale that is told.
10 The days of our years are threescore
years and ten; and if by reason of strength
they be fourscore years, yet is their
[pride] they be fourscore years, yet is their
strength labour and sorrow; for it is soon
cut off, and we fly away.
11 Who knoweth the power of thine
anger? even according to thy fear, so is thy
wrath.

12 So teach us to number ou[r days, that]
we may apply [get us] our hea[rts]
unto [of] wisdom.
Ps. 39.4.
13 Return, O LORD, how lo[ng? and let it]
repent thee concerning thy ser[vants].
De. 32.36; Ps. 135.14.
14 O satisfy us early [in the morning with]
thy mercy; that we may rejo[ice and be glad]
all our days.
Ps. 85.6; 149.2.
15 Make us glad accord[ing to the days]
wherein thou hast afflicted u[s, and the years]
wherein we have seen evil.
16 Let thy work appea[r unto thy serv]-
ants, and thy glory unto t[heir children].
Hab. 3.2.
17 And let the beauty [of the LORD our]
God be upon us: and estab[lish thou the work]
of our hands upon us; ye[a, the work of our]
hands establish thou it.
Ps. 27.4; Is. 26.12.

PSALM [91]

1 The state of the godly. 3 Th[eir protec]-
tion. 11 Their servants. ...
effects of them all.

HE that dwelleth in [the secret place of the]
most High sha[ll abide under the]
shadow of the Almigh[ty].
Ps. 31.20; 121.5; Is. 25.4.
2 I will say of the [LORD, He is my refuge]
and my fortress: my G[od] ...
Ps. 14.6; 18.2; 56.4; Je. ...
3 Surely he shall [deliver thee from the sn]-
are of the fowler, [and from the noisome pes]-
tilence.
Ki. 8.37; Pr. 6.5; Ps ...
4 He shall cover [thee with his feathers, and]
under his win[gs shalt thou trust: his truth]
[shall be thy shield and buckl]-er.
36.7; 40.11; 63.7
[5] Thou shalt n[ot be afraid for the terror by]
[ni]ght; nor for [the arrow that flieth by day];
19-23; Ps. 23
[6 Nor] for the [pestilence that walketh in darkness]
; nor fo[r the destruction that wasteth at]
noonday.
9.35; Job
7 A [th]ousan[d shall fall at thy side, a]nd
ten thou[sand at thy right hand; but it shall]
not come [nig]h [thee].
Jos. 14.10.
8 Only w[ith thine eyes shalt thou behold]
and see the re[ward of the wicked].
Ps. 37.34; 58.
9 Because [thou hast made the LORD,]
which is my [refuge, even the most High, thy]
habitation;
10 There [shall no evil befall thee, neither]
shall any p[lague come nigh thy dwelling].
11 For [he shall give his angels charge]
over thee, ...
Ps. 34.7; ...

ZEUGNISSE

ZEUGNISSE

Woche für Woche strömen großartige Zuschriften in unser Büro, die davon zeugen, wie kraftvoll die Wirkung ist, wenn man das wahre Evangelium zu hören bekommt. Jede Woche sind mein Dienstteam und ich immer wieder von neuem begeistert, auf welch erstaunliche Weise kostbare Menschen, die von Süchten, Krankheiten, Depressionen und kaputten Beziehungen geplagt waren, befreit und für immer verändert werden. Mitzubekommen, wie diese Leute jetzt bis über beide Ohren in den Herrn verliebt sind und die enge Beziehung zu ihrem himmlischen Vater genießen, die sie sich schon immer gewünscht haben, ist einfach unbezahlbar.

Ich bete, dass du in den Zeugnissen, die wir für dich zusammengestellt haben, erkennen wirst, dass es bei allem ganz um unseren wunderbaren Herrn Jesus geht. Du wirst feststellen, dass sich alles verändert, wenn wir seiner unerschütterlichen Liebe begegnen und wirklich glauben, dass uns durch sein vollkommenes vollbrachtes Werk vollständig vergeben ist und wir gerecht gemacht sind. Ganz gleich, ob du gerade eine schwierige Zeit durchmachst oder vor einer besonderen Herausforderung stehst – diese Erlebnisberichte sollen dich ermutigen, daran zu glauben, dass der Herr genauso deine Situation wenden will und auch kann.

EMOTIONALE HEILUNG ERLEBT, VON SÜCHTEN UND VON SCHULDEN BEFREIT

Eines Morgens, als ich die Predigt von Pastor Prince über Jesaja 54,17 in meinem Auto hörte, begann Gott mir zu offenbaren, dass ich mich, anstatt mit seinem Geschenk der Gerechtigkeit durch die Gnade, mit Menschen beschäftigt hatte, die mich verurteilten. Er zeigte mir auch, dass sich alles zum Guten wenden würde, wenn ich meinen Blick einfach nur auf ihn gerichtet hielte.

Diese Offenbarung half mir, ruhig zu bleiben und Gottes Segnungen zu empfangen. Ich fuhr damit fort, anhand seines Wortes durch die Botschaften von Pastor Prince mein Denken zu erneuern. Ich empfinde jetzt keine Angst, Wut und Eifersucht mehr. Ich wurde auch vom Alkoholismus befreit und von der Nikotinsucht, die mich zehn Jahre lang viel Geld gekostet hat. Ich habe sogar fast 17 Kilogramm abge-

nommen, nachdem ich von einer Essstörung befreit wurde. Ich bin heute vierundfünfzig Jahre alt, aber ich fühle mich jünger als mit vierundzwanzig.

Nicht nur das, mein Mann und ich sind jetzt schuldenfrei und wir leben nicht mehr von einer Gehaltszahlung zur nächsten. Ich habe auch erleben dürfen, wie mein Sohn von der Alkoholabhängigkeit befreit wurde, als ich anfing, ihm jeden Tag Textnachrichten über Gottes Gnade zu schicken. Statt nach Alkohol verlangt es ihn heute nach mehr von Gottes Gnade.

Danke, Pastor Prince, dass Sie so treu im Gehorsam das Evangelium predigen. Ich habe gelernt, meine Sorgen und Ängste Gott zu übergeben. Ich weiß auch, dass er mich liebt, mich nicht verurteilt und sich um mich kümmern will. Ich habe mich noch nie so sehr im Frieden oder von meinem Vater geliebt gefühlt wie jetzt, und ich kann nicht anders, als Jesus für sein Opfer am Kreuz jeden Tag zu danken.

Sophia | Nevada, USA

HOFFNUNGSLOSIGKEIT UND SELBSTMORDGEDANKEN VERSCHWUNDEN, VON SÜCHTEN BEFREIT

Pastor Prince, ich bin seit meinem vierten Lebensjahr Christ. Mit fünfzehn brannte ich förmlich für den Herrn und betete sogar drei Stunden am Tag. Ich hörte, wie der Herr zu mir sprach, und wusste, dass ich zum Dienst berufen war.

Doch ich fing an, blasphemische Gedanken zu haben. Ich kämpfte monatelang damit und glaubte sogar, ich hätte die unverzeihliche Sünde gegen den Heiligen Geist begangen. Das trieb mich noch tiefer in die Verzweiflung. Egal, wie sehr ich betete oder wie viele Pastoren ich um Hilfe bat, ich fühlte mich einfach immer schlechter. Ich dachte, Gott hätte mich verlassen und es gäbe keine Hoffnung mehr.

Der Feind attackierte mich fünf Jahre lang ununterbrochen, sodass ich über Selbstmord nachzudenken begann. Ich lief vor Gott davon und fing an, Party zu machen und Drogen zu nehmen. Mehrere Male ist es fast zu einer Überdosis gekommen.

Den Highschool-Abschluss habe ich gerade noch so hinbekommen, aber das College schaffte ich nicht mehr. Diese alles beherrschenden Gedanken quälten mich sehr. Ständig schrie und weinte ich und wurde beinahe in die Psychiatrie eingewiesen.

Eines Tages kam ich vollgepumpt mit Drogen nach Hause und sah, wie meine Mutter dasaß und Ihren Gnadenpredigten zuhörte. Ich hatte schon von Gottes Gnade gehört, wusste aber nicht, ob das wirklich so stimmte oder nicht. Ich habe lange Zeit mit dieser Botschaft gerungen.

Nachdem ich mir eines Abends Ihre Predigten angesehen hatte, empfand ich zum ersten Mal Hoffnung. Ich fragte Gott, ob das Evangelium der Gnade die Wahrheit sei, und spürte seine starke Gegenwart in meinem Zimmer. Tränen liefen mir übers Gesicht, als er mir offenbarte, dass die Gnade wirklich die echte Evangeliumsbotschaft ist.

Seitdem hat sich mein Verstand geklärt. Ich wurde auch vollständig von Drogen, Alkohol und Zigaretten befreit. Mein Leben wurde total verändert. Die Erkenntnis, dass Gott mich schon die ganze Zeit über zu Ihrem Dienst gelotst hat, erfüllt mich mit Ehrfurcht.

Der Herr hat mich auch dazu angeregt, für andere zu beten, damit sie die Offenbarung seiner Gnade empfangen. Viele meiner Freunde wurden gerettet und auch das Leben meiner Mutter verändert sich gerade radikal. Gott hat mich im Alter von 21 Jahren zum Dienst berufen. Mein Leben war noch nie so spannend und sinnerfüllt wie heute.

Es gibt keine Worte, um diese Kehrtwende in meinem Leben zu beschreiben. Gott hat mich durch Ihren Dienst vor dem Tod gerettet. Danke, Pastor Prince, dass Sie das wahre, unverfälschte Evangelium der Gnade predigen. Jesus ist für immer mein Herr und ich weiß, dass sein Bund mit mir nicht gebrochen werden kann. Alles Lob und alle Ehre gehören Jeschua, für immer!

Jonathan | Alabama, USA

SCHLUSSWORT

SCHLUSSWORT

Mein Freund, hoffentlich konnte ich dir in diesem Buch zeigen, dass die Gnade des Herrn WIRKLICH die Kraft Gottes zur Rettung in jedem Bereich unseres Lebens ist. Dass sie uns erlaubt, furchtlos den Thronsaal des Himmels zu betreten und uns in Zeiten der Not unserem himmlischen Vater zu nähern. Und dass sie uns befähigt, ein siegreiches, überwindendes Leben zu führen, das unseren Vater verherrlicht. Wie aus den Zeugnissen in diesem Buch ersichtlich ist, kann und wird nur eine Begegnung mit der liebenswerten, wunderbaren Person unseres Herrn Jesus die Dinge verändern!

Und deshalb, mein Freund, lass dich nicht durch Irrlehren, Kontroversen und Missverständnisse über das herrliche Evangelium der Gnade davon abhalten, auf diesem neuen und lebendigen Weg zu Gott zu kommen (siehe Hebr 10,19–20). Ich möchte dich ermutigen, stattdessen alles, was über die Gnade gesagt wird, anhand der Bibel zu prüfen und dich nicht vom Besten, was Gott für dich hat, abzuwenden.

Damit du fest in den kraftvollen und lebensverändernden Wahrheiten des Evangeliums der Gnade gegründet werden kannst, möchte ich dir als Hilfe mein Buch *Die Revolution der Gnade: Erlebe die Kraft für ein Leben frei von Niederlage* sowie das gleichnamige begleitende Arbeitsbuch empfehlen. Diese und andere Hilfsmittel zur Glaubensstärkung sind über JosephPrince.de erhältlich.

Und wenn du durch die Zeugnisse in diesem Buch gesegnet wurdest, werden dich die vielen anderen Zeugnisse, die ich von kostbaren Brüdern und Schwestern in Christus erhalten habe, sicherlich noch weiter ermutigen. Das Leben dieser Menschen hat eine völlig neue Richtung bekommen, und sie sind mit dem Herrn jetzt so eng verbunden, wie sie es nie für möglich gehalten hätten.

Über *JosephPrince.de/Zeugnisse* gelangst du zu diesen Zeugnissen. Ich möchte, dass du dir beim Lesen bewusst machst, dass der Herr das, was er für diese Menschen getan hat, auch für dich tun kann. Möge dein Herz von Glauben erfüllt werden, der dich auf Jesus schauen und deinen persönlichen Durchbruch von ihm erwarten lässt.

ANMERKUNGEN

Wie umfänglich ist dir in Christus vergeben?

1. Bruce Hurt, »Ephesians 1:7–8 Commentary«, *Precept Austin*, aufgerufen am 23. Oktober 2014, https://www.preceptaustin.org/ephesians_17-8.htm.
2. Bruce Hurt, »Greek Quick Reference Guide«, *Precept Austin*, aufgerufen am 13. Februar 2015, https://www.preceptaustin.org/new_page_40.htm.
3. NT: 3956, William Edwy Vine, *Vine's Expository Dictionary of Biblical Words*. Copyright © 1985, Thomas Nelson Publishers.
4. NT: 3956, James Strong, *Biblesoft's New Exhaustive Strong's Numbers and Concordance with Expanded Greek-Hebrew Dictionary*. Copyright © 1994, 2003, 2006 Biblesoft, Inc. and International Bible Translators, Inc.

Was ist mit dem Bekennen der Sünde?

Dieser Abschnitt beruht auf Joseph Prince: *Die Revolution der Gnade: Erlebe die Kraft für ein Leben frei von Niederlage* (Schotten: Grace today Verlag, 2017 [2. Aufl.]), S. 100–105.

5. Joseph Prince, *Unverdiente Gunst*, Schotten: Grace today Verlag, 2019 (3. Aufl.).
6. »Introduction to 1 John«, *Spirit-Filled Life Bible*, Third Edition (Nashville: Thomas Nelson, 2018).
7. NT: 3670, Joseph Henry Thayer, *Thayer's Greek Lexicon* (elektronische Datenbank). Copyright © 2000, 2003, 2006 by Biblesoft, Inc. All rights reserved.
8. NT: 264, William Edwy Vine, *Vine's Expository Dictionary of Biblical Words*. Copyright © 1985, Thomas Nelson Publishers.

9. Joseph Prince, *Die Revolution der Gnade*, Schotten: Grace today Verlag, 2019 (3. Aufl.), S. 83–84.

Wahre Gnade bewirkt echte Heiligkeit

10. *Merriam-Webster Online Dictionary.* Copyright © 2015 by Merriam-Webster, Incorporated, aufgerufen am 23. Oktober 2014, https://www.merriam-webster.com/dictionary/sanctification.

MÖCHTEST DU JESUS PERSÖNLICH KENNENLERNEN?

Wenn du alles, was Jesus für dich getan hat, empfangen willst und ihn zu deinem Herrn und Retter machen möchtest, dann sprich bitte folgendes Gebet:

Herr Jesus, danke, dass du mich liebst und für mich am Kreuz gestorben bist. Dein kostbares Blut reinigt mich von jeder Sünde. Du bist mein Herr und mein Retter, jetzt und für immer. Ich glaube, dass du von den Toten auferstanden bist und dass du heute lebst. Dank deines vollbrachten Werks bin ich jetzt ein geliebtes Kind Gottes, und der Himmel ist mein Zuhause. Danke, dass du mir ewiges Leben schenkst und mein Herz mit deinem Frieden und deiner Freude erfüllst. Amen.

WIR WÜRDEN GERN VON DIR HÖREN

Wenn du Jesus gerade zu deinem Herrn und Retter gemacht hast oder uns nach dem Lesen dieses Buches gern ein Zeugnis erzählen möchtest, dann schreib uns: **JosephPrince.de/Zeugnis**

BESONDERER DANK

Besonderer Dank und Anerkennung gelten allen, die uns ihre Zeugnisse geschickt haben. Beachte bitte, dass alle Zeugnisse in gutem Glauben empfangen und nur mit Zustimmung der Urheber weitergegeben wurden. Jedes Zeugnis wurde nur der Kürze und Verständlichkeit halber bearbeitet. Alle Namen wurden geändert, um die Privatsphäre der Verfasser zu schützen.

BLEIBE MIT JOSEPH IN KONTAKT

Über die folgenden Social-Media-Kanäle kannst du mit Joseph in Kontakt bleiben und täglich inspirierende Impulse (in englischer Sprache erhalten:

Facebook.com/JosephPrince
Twitter.com/JosephPrince
Youtube.com/JosephPrinceOnline
Instagram: @JosephPrince

KOSTENLOSE TÄGLICHE ANDACHT PER E-MAIL

Trage dich unter **JosephPrince.de/Andachten** in den Verteiler für Josephs kostenlose E-Mail-Andachten ein und erhalte jeden Tag kurze Botschaften, die dir helfen, in der Gnade zu wachsen.

ÜBER DEN AUTOR

JOSEPH PRINCE ist eine der bekanntesten Stimmen weltweit, die das Evangelium der Gnade verbreiten – vor allem durch seine Bücher, seine TV-Sendungen und als Konferenzsprecher. Seit über zwei Jahrzehnten verkündigt er Gottes Wort auf neue, erfrischende und erhellende Weise und hebt die Größe Jesu hervor. Er ist leitender Pastor der New Creation Church in Singapur, einer dynamischen Gemeinde, die jeden Sonntag mehr als 33.000 Gottesdienstbesucher zählt. Sein Fernsehdienst Joseph Prince Ministries hat zum Ziel, Menschen mit dem Evangelium Jesu Christi aufzubauen, zu ermutigen und zu inspirieren. Er ist zudem Bestsellerautor von *Die Kraft des richtigen Glaubens* und *Zur Herrschaft bestimmt*. Joseph ist glücklich verheiratet mit Wendy; gemeinsam haben sie zwei Kinder, Jessica Shayna und Justin David.

DIE REVOLUTION DER GNADE

Erlebe die Kraft für ein Leben frei von Niederlage

Eine Revolution fegt über die Erde: die Revolution der Gnade. Wer das wahre Evangelium von Jesus Christus hört und glaubt, dessen Leben wird tiefgreifend verändert. Kranke werden heil, Sünder werden frei, Menschen führen ein Leben im Sieg. Pastor Joseph Prince erläutert, wie man diese Revolution erfahren kann – auch anhand bewegender Beispiele.

423 Seiten, gebunden mit Lesebändchen
Auch als E-Book und Hörbuch erhältlich.

DIE KRAFT DES RICHTIGEN GLAUBENS

Werde frei von Angst,
Schuldgefühlen und Süchten

Was du glaubst, hat Macht! Wenn du ändern kannst, was du glaubst, kannst du dein Leben verändern; du kannst frei werden von Ängsten, Schuldgefühlen und Abhängigkeiten. Darum ist es so wichtig, das Richtige zu glauben. Sieben einfache Prinzipien helfen dabei, dies im Alltag umzusetzen.

393 Seiten, gebunden mit Lesebändchen
Auch als E-Book und Hörbuch erhältlich.